मैथिलीशरण गुप्त
की बाल कविताएँ

अनुक्रम

जीवन की ही जय है

मृषा मृत्यु का भय है,
जीवन की ही जय है।

जीव ही जड़ जमा रहा है
नित नव वैभव कमा रहा है
यह आत्मा अक्षय है,
जीवन की ही जय है।

नया जन्म ही जग पाता है,
मरण मूढ़-सा रह जाता है,
एक बीज सौ उपजाता है।
सृष्टा बड़ा सदय है,
जीवन की ही जय है।

जीवन पर सौ बार मरूँ मैं,
क्या इस धन को गाड़ धरूँ मैं?
यदि न उचित उपयोग करूँ मैं,
तो फिर महाप्रलय है,
जीवन की ही जय है।

किसान

हेमन्त में बहुधा घनों से पूर्ण रहता व्योम है,
पावस निशाओं में तथा हँसता शरद का सोम है।

हो जाये अच्छी भी फसल, पर लाभ कृषकों को कहाँ,
खाते, खवाई, बीज ऋण से हैं रंगे रक्खे जहाँ।
आता महाजन के यहाँ वह अन्न सारा अंत में,
अधपेट खाकर फिर उन्हें है काँपना हेमंत में॥

बरसा रहा है रवि अनल, भूतल तवा सा जल रहा,
है चल रहा सन सन पवन, तन से पसीना बह रहा।
देखो, कृषक शोणित सुखाकर हल तथापि चला रहे,
किस लोभ से इस आँच में, वे निज शरीर जला रहे॥

मध्याह्न है, उनकी स्त्रियाँ ले रोटियाँ पहुँची वहीं,
हैं रोटियाँ रूखी, खबर है शाक की हमको नहीं!
संतोष से खाकर उन्हें वे, काम में फिर लग गए,
भर पेट भोजन पा गए तो भाग्य मानों जग गए॥

घनघोर वर्षा हो रही, है गगन गर्जन कर रहा,
घर से निकलने को गरज कर, वज्र वर्जन कर रहा।
तो भी कृषक मैदान में करते निरंतर काम हैं,
किस लोभ से वे आज भी, लेते नहीं विश्राम हैं॥

बाहर निकलना मौत है, आधी अँधेरी रात है,
है शीत कैसा पड़ रहा, औ' थरथराता गात है।
तो भी कृषक ईंधन जलाकर, खेत पर हैं जागते,
यह लाभ कैसा है, न जिसका मोह अब भी त्यागते॥

सम्प्रति कहाँ क्या हो रहा है, कुछ न उनको ज्ञान है,
है वायु कैसी चल रही, इसका न कुछ भी ध्यान है।
मानो भुवन से भिन्न उनका, दूसरा ही लोक है,
शशि सूर्य हैं फिर भी कहीं, उनमें नहीं आलोक है॥

चारुचंद्र की चंचल किरणें

चारुचंद्र की चंचल किरणें, खेल रही हैं जल थल में,
स्वच्छ चाँदनी बिछी हुई है अवनि और अम्बरतल में।
पुलक प्रकट करती है धरती, हरित तृणों की नोकों से,
मानों झूम रहे हैं तरु भी, मन्द पवन के झोंकों से॥

पंचवटी की छाया में है, सुन्दर पर्ण-कुटीर बना,
जिसके सम्मुख स्वच्छ शिला पर, धीर-वीर निर्भीकमना,
जाग रहा यह कौन धनुर्धर, जब कि भुवन भर सोता है?
भोगी कुसुमायुध योगी-सा, बना दृष्टिगत होता है॥

किस व्रत में है व्रती वीर यह, निद्रा का यों त्याग किये,
राजभोग्य के योग्य विपिन में, बैठा आज विराग लिये।
बना हुआ है प्रहरी जिसका, उस कुटीर में क्या धन है,
जिसकी रक्षा में रत इसका, तन है, मन है, जीवन है!!

मर्त्यलोक-मालिन्य मेटने, स्वामि-संग जो आई है,
तीन लोक की लक्ष्मी ने यह, कुटी आज अपनाई है।
वीर-वंश की लाज यही है, फिर क्यों वीर न हो प्रहरी,
विजन देश है निशा शेष है, निशाचरी माया ठहरी॥

कोई पास न रहने पर भी, जन-मन मौन नहीं रहता;
आप आपकी सुनता है वह, आप आपसे है कहता।
बीच-बीच मे इधर-उधर निज दृष्टि डालकर मोदमयी,
मन ही मन बातें करता है, धीर धनुर्धर नई नई॥

क्या ही स्वच्छ चाँदनी है यह, है क्या ही निस्तब्ध निशा;
है स्वच्छन्द-सुमंद गंध वह, निरानंद है कौन दिशा?
बंद नहीं, अब भी चलते हैं, नियति-नटी के कार्य-कलाप,
पर कितने एकान्त भाव से, कितने शांत और चुपचाप!!

है बिखेर देती वसुंधरा, मोती, सबके सोने पर,
रवि बटोर लेता है उनको, सदा सवेरा होने पर।
और विरामदायिनी अपनी, संध्या को दे जाता है,
शून्य श्याम-तनु जिससे उसका, नया रूप झलकाता है॥

सरल तरल जिन तुहिन कणों से, हँसती हर्षित होती है,
अति आत्मीया प्रकृति हमारे, साथ उन्हीं से रोती है!
अनजानी भूलों पर भी वह, अदय दण्ड तो देती है,
पर बूढों को भी बच्चों-सा, सदय भाव से सेती है॥

तेरह वर्ष व्यतीत हो चुके, पर है मानो कल की बात,
वन को आते देख हमें जब, आर्त्त अचेत हुए थे तात।
अब वह समय निकट ही है जब, अवधि पूर्ण होगी वन की,
किन्तु प्राप्ति होगी इस जन को, इससे बढ़कर किस धन की!!

और आर्य को, राज्य-भार तो, वे प्रजार्थ ही धारेंगे,
व्यस्त रहेंगे, हम सब को भी, मानो विवश विसारेंगे।
कर विचार लोकोपकार का, हमें न इससे होगा शोक;
पर अपना हित आप नहीं क्या, कर सकता है यह नरलोक!!

अपनी भाषा

करो अपनी भाषा पर प्यार।
जिसके बिना मूक रहते तुम,
रुकते सब व्यवहार॥

जिसमें पुत्र पिता कहता है, पत्नी प्राणाधार
और प्रकट करते हो जिसमें तुम निज निखिल विचार।

बढ़ाओ बस उसका विस्तार
करो अपनी भाषा पर प्यार॥

भाषा बिना व्यर्थ ही जाता ईश्वरीय भी ज्ञान,
सब दानों से बहुत बड़ा है ईश्वर का यह दान।

असंख्य हैं इसके उपकार।
करो अपनी भाषा पर प्यार॥

यही पूर्वजों का देती है तुमको ज्ञान-प्रसाद,
और तुम्हारा भी भविष्य को देगी शुभ-संवाद।

बनाओ इसे गले का हार।
करो अपनी भाषा पर प्यार॥

ओला

एक सफेद बड़ा-सा ओला,
था मानो हीरे का गोला!
हरी घास पर पड़ा हुआ था,
वहीं पास मैं खड़ा हुआ था!

मैंने पूछा क्या है भाई,
तब उसने यों कथा सुनाई!
जो मैं अपना हाल बताऊँ,
कहने में भी लज्जा पाऊँ!

पर मैं तुझे सुनाऊँगा सब,
कुछ भी नहीं छिपाऊँगा अब!
जो मेरा इतिहास सुनेंगे,
वे उससे कुछ सार चुनेंगे!

यद्यपि मैं न अब रहा कहीं का,
वासी हूँ मैं किंतु यहीं का!
सूरत मेरी बदल गई है,
दीख रही वह तुम्हें नई है!

मुझमें आर्द्रभाव था इतना,
जल में हो सकता है जितना।
मैं मोती-जैसा निर्मल था,
तरल किंतु अत्यंत सरल था!

एक रोज जब दोपहरी थी
मेरे पास छाँव गहरी थी
रवि ने अपना हाथ बढ़ाया
और गगन में मुझे उठाया

सुरगण मुझे देखने आये
दिव्य नगाड़े थे बजाये
भूतल से जो उठा गगन में
गर्व हुआ मेरे मन में

मिटा आर्द्रपन इससे मेरा
मुझे क्रूरता ने आ घेरा
तब देवों ने कहा वहाँ पर
क्रूरों का क्या काम यहाँ पर

देकर मुझे पाँव का झटका
पवन देव ने नीचे पटका
पड़ा पड़ा पछता रहा हूँ
हरी घास में घुला जा रहा हूँ।

एक खेत

रहते हम यों जीवित-मृत क्यों? ज्यों मरघट के भूत-प्रेत,
कहीं हमारा भी होता हाँ! छोटा-मोटा एक खेत।

बैल न होते, हम तो होते,
श्रम-जल सींच जोतते बोते,
उगते आशा के-से अंकुर रहता फिर क्यों रक्त श्वेत?
कहीं हमारा भी होता यदि छोटा-मोटा एक खेत!

बांध मचान रखाते गाते,
हम कितना आनंद मनाते,
जग में हरा खेत हैं जिनका भरा उन्हीं का है निकेत।
कहीं हमारा भी होता यदि छोटा-मोटा एक खेत!

आती फिर गोमाता मोटी,
बच्चे खाते माखन–रोटी,
देती उन्हें गर्व से गृहिणी घर के तिल गुड़ के समेत।
कहीं हमारा भी होता यदि छोटा-मोटा एक खेत!

क्या-क्या फूल फूलते-फलते,
रंहट और रंहटे सब चलते,
मोती बरसाती तब मिट्टी मणि-कणिकाएं धुल रेत।
कहीं हमारा भी होता यदि छोटा-मोटा एक खेत!

स्वप्न देखते हैं हम झूठे,
देश काल दोनों हैं रूठे,
दुर्लभ हुई धुल भी हमको, व्यर्थ कल्पना, चित्त, चेत।
कहीं हमारा भी होता यदि छोटा-मोटा एक खेत!

सरकस

होकर कौतूहल के बस में,
गया एक दिन मैं सरकस में।
भय-विस्मय के खेल अनोखे,
देखे बहु व्यायाम अनोखे।

एक बड़ा-सा बंदर आया,
उसने झटपट लैम्प जलाया।
डट कुर्सी पर पुस्तक खोली,
आ तब तक मैना यौं बोली

"हाजिर है हजूर का घोड़ा,"
चौंक उठाया उसने कोड़ा।
आया तब तक एक बछेरा,
चढ़ बंदर ने उसको फेरा।

टट्टू ने भी किया सपाटा,
टट्टी फाँदी, चक्कर काटा।
फिर बंदर कुर्सी पर बैठा,
मुँह में चुरट दबाकर ऐंठा।

माचिस लेकर उसे जलाया,
और धुआँ भी खूब उड़ाया।
ले उसकी अधजली सलाई,
तोते ने आ तोप चलाई।

एक मनुष्य अंत में आया,
पकड़े हुए सिंह को लाया।
मनुज-सिंह की देख लड़ाई,
की मैंने इस भाँति बड़ाई-

किसे साहसी जन डरता है,
नर नाहर को वश करता है।
मेरा एक मित्र तब बोला,
भाई तू भी है बम भोला।

यह सिंही का जना हुआ है,
किंतु स्यार यह बना हुआ है।
यह पिंजड़े में बंद रहा है,
नहीं कभी स्वच्छंद रहा है।

छोटे से यह पकड़ा आया,
मार-मार कर गया सिखाया।
अपने को भी भूल गया है,
आती इस पर मुझे दया है।

माँ कह एक कहानी

"माँ कह एक कहानी।"
"बेटा समझ लिया क्या तूने मुझको अपनी नानी?"
"कहती है मुझसे यह चेटी, तू मेरी नानी की बेटी।
कह माँ कह लेटी ही लेटी, राजा था या रानी?
माँ, कह एक कहानी।"

"तू है हठी, मानधन मेरे, सुन उपवन में बड़े सवेरे,
तात भ्रमण करते थे तेरे, जहाँ सुरभि मनमानी।"
"जहाँ सुरभि मनमानी! हाँ माँ, यही कहानी।"

"वर्ण-वर्ण के फूल खिले थे, झलमल कर हिमबिंदु झिले थे,
हलके झोंके हिले-मिले थे, लहराता था पानी।"
"लहराता था पानी, हाँ-हाँ यही कहानी।"

"गाते थे खग कल-कल स्वर से, सहसा एक हंस ऊपर से,
गिरा बिद्ध होकर खग शर से, हुई पक्ष की हानी!"
"हुई पक्ष की हानी? करुणा भरी कहानी!"

"चौंक उन्होंने उसे उठाया, नया जन्म-सा उसने पाया,
इतने में आखेटक आया, लक्ष-सिद्धि का मानी।"
"लक्ष सिद्धि का मानी! कोमल-कठिन कहानी।"

"माँगा उसने आहत पक्षी, तेरे तात किन्तु थे रक्षी,
तब उसने, जो था खगभक्षी, हठ करने की ठानी।"
"हठ करने की ठानी! अब बढ़ चली कहानी।"

हुआ विवाद सदय-निर्दय में, उभय आग्रही थे स्वविषय में,
गयी बात तब न्यायालय में, सुनी सभी ने जानी।"
"सुनी सभी ने जानी! व्यापक हुई कहानी।"

राहुल तू निर्णय कर इसका, न्याय पक्ष लेता है किसका?
कह दे निर्भय जय हो जिसका, सुन लँ तेरी बानी"
"माँ मेरी क्या बानी? मैं सुन रहा कहानी।
कोई निरपराध को मारे तो क्यों अन्य उसे न उबारे?
रक्षक पर भक्षक को वारे, न्याय दया का दानी।"

"न्याय दया का दानी! तूने सुनी कहानी।"

अर्जुन की प्रतिज्ञा

उस काल मारे क्रोध के तन काँपने उसका लगा,
मानों हवा के वेग से सोता हुआ सागर जगा।
मुख-बाल-रवि-सम लाल होकर ज्वाल-सा बोधित हुआ,
प्रलयार्थ उनके मिस वहाँ क्या काल ही क्रोधित हुआ?

युग-नेत्र उनके जो अभी थे पूर्ण जल की धार-से,
अब रोश के मारे हुए, वे दहकते अंगार-से।
निश्चय अरुणिमा-मिस अनल की जल उठी वह ज्वाल ही,
तब तो दृगों का जल गया शोकाश्रु जल तत्काल ही।

साक्षी रहे संसार करता हूँ प्रतिज्ञा पार्थ मैं,
पूरा करूँगा कार्य सब कथानुसार यथार्थ मैं ।
जो एक बालक को कपट से मार हँसते हैं अभी,
वे शत्रु सत्वर शोक-सागर-मग्न दीखेंगे सभी ।

अभिमन्यु-धन के निधन से कारण हुआ जो मूल है,
इससे हमारे हत हृदय को, हो रहा जो शूल है,
उस खल जयद्रथ को जगत में मृत्यु ही अब सार है,
उन्मुक्त बस उसके लिये रौरव नरक का द्वार है।

उपयुक्त उस खल को न यद्यपि मृत्यु का भी दंड है,
पर मृत्यु से बढ़कर न जग में दण्ड और प्रचंड है।
अतएव कल उस नीच को रण-मघ्य जो मारूँ न मैं,
तो सत्य कहता हूँ कभी शस्त्रास्त्र फिर धारूँ न मैं।

अथवा अधिक कहना वृथा है, पार्थ का प्रण है यही,
साक्षी रहे सुन ये बचन रवि, शशि, अनल, अंबर, मही ।
सूर्यास्त से पहले न जो मैं कल जयद्रथ-वधकरूँ,
तो शपथ करता हूँ स्वयं मैं ही अनल में जल मरूँ।

नर हो, न निराश करो मन को

नर हो, न निराश करो मन को
कुछ काम करो, कुछ काम करो
जग में रह कर कुछ नाम करो
यह जन्म हुआ किस अर्थ अहो
समझो जिसमें यह व्यर्थ न हो
कुछ तो उपयुक्त करो तन को
नर हो, न निराश करो मन को।

सँभलो कि सुयोग न जाय चला
कब व्यर्थ हुआ सदुपाय भला
समझो जग को न निरा सपना
पथ आप प्रशस्त करो अपना
अखिलेश्वर है अवलंबन को
नर हो, न निराश करो मन को।

जब प्राप्त तुम्हें सब तत्त्व यहाँ
फिर जा सकता वह सत्त्व कहाँ
तुम स्वत्त्व सुधा रस पान करो
उठके अमरत्व विधान करो
दवरूप रहो भव कानन को
नर हो न निराश करो मन को।

निज गौरव का नित ज्ञान रहे
हम भी कुछ हैं यह ध्यान रहे
मरणोत्तर गुंजित गान रहे
सब जाय अभी पर मान रहे
कुछ हो न तजो निज साधन को
नर हो, न निराश करो मन को।

प्रभु ने तुमको कर दान किए
सब वांछित वस्तु विधान किए
तुम प्राप्त करो उनको न अहो
फिर है यह किसका दोष कहो
समझो न अलभ्य किसी धन को
नर हो, न निराश करो मन को।

किस गौरव के तुम योग्य नहीं
कब कौन तुम्हें सुख भोग्य नहीं
जन हो तुम भी जगदीश्वर के
सब है जिसके अपने घर के
फिर दुर्लभ क्या उसके जन को
नर हो, न निराश करो मन को।

करके विधि वाद न खेद करो
निज लक्ष्य निरन्तर भेद करो
बनता बस उद्यम ही विधि है
मिलती जिससे सुख की निधि है
समझो धिक् निष्क्रिय जीवन को
नर हो, न निराश करो मन को
कुछ काम करो, कुछ काम करो।

सखि, वे मुझसे कहकर जाते

सखि, वे मुझसे कहकर जाते,
कह, तो क्या मुझको वे अपनी पथ-बाधा ही पाते?

मुझको बहुत उन्होंने माना
फिर भी क्या पूरा पहचाना?
मैंने मुख्य उसी को जाना,
जो वे मन में लाते।
सखि, वे मुझसे कहकर जाते।

स्वयं सुसज्जित करके क्षण में,
प्रियतम को, प्राणों के पण में,
हमीं भेज देती हैं रण में-
क्षात्र-धर्म के नाते
सखि, वे मुझसे कहकर जाते।

हुआ न यह भी भाग्य अभागा,
किसपर विफल गर्व अब जागा?
जिसने अपनाया था, त्यागा;
रहे स्मरण ही आते!
सखि, वे मुझसे कहकर जाते।

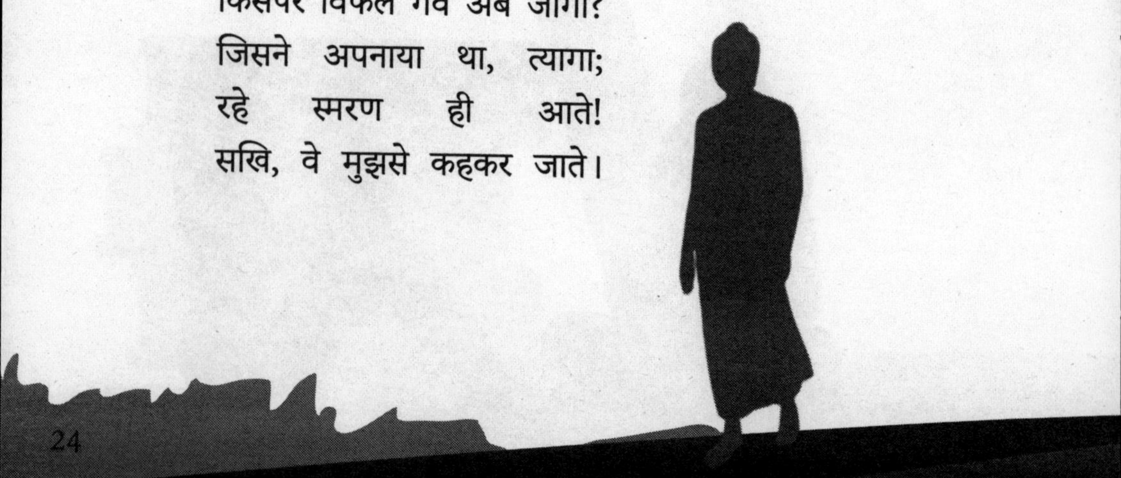

नयन उन्हें हैं निष्ठुर कहते,
पर इनसे जो आँसू बहते,
सदय हृदय वे कैसे सहते?
गये तरस ही खाते!
सखि, वे मुझसे कहकर जाते।

जायें, सिद्धि पावें वे सुख से,
दुखी न हों इस जन के दुःख से,
उपालम्भ दूँ मैं किस मुख से?
आज अधिक वे भाते!
सखि, वे मुझसे कहकर जाते।

गये, लौट भी वे आवेंगे,
कुछ अपूर्व-अनुपम लावेंगे,
रोते प्राण उन्हें पावेंगे,
पर क्या गाते-गाते?
सखि, वे मुझसे कहकर जाते।

दोनों ओर प्रेम पलता है

दोनों ओर प्रेम पलता है।
सखि, पतंग भी जलता है
हा! दीपक भी जलता है!

सीस हिलाकर दीपक कहता-
'बन्धु वृथा ही तू क्यों दहता?'
पर पतंग पड़ कर ही रहता
कितनी विह्वलता है!
दोनों ओर प्रेम पलता है।

बचकर हाय! पतंग मरे क्या?
प्रणय छोड़ कर प्राण धरे क्या?
जले नही तो मरा करे क्या?
क्या यह असफलता है!
दोनों ओर प्रेम पलता है।

कहता है पतंग मन मारे-
'तुम महान, मैं लघु, पर प्यारे,
क्या न मरण भी हाथ हमारे?
शरण किसे छलता है?'
दोनों ओर प्रेम पलता है।

दीपक के जलने में आली,
फिर भी है जीवन की लाली।
किन्तु पतंग-भाग्य-लिपि काली,
किसका वश चलता है?
दोनों ओर प्रेम पलता है।

जगती वणिग्वृत्ति है रखती,
उसे चाहती जिससे चखती;
काम नहीं, परिणाम निरखती।
मुझको ही खलता है।
दोनों ओर प्रेम पलता है।

तेरे घर के द्वार बहुत हैं

तेरे घर के द्वार बहुत हैं,
किसमें हो कर आऊँ मैं?
सब द्वारों पर भीड़ मची है,
कैसे भीतर जाऊँ मैं?

द्वारपाल भय दिखलाते हैं,
कुछ ही जन जाने पाते हैं,
शेष सभी धक्के खाते हैं,
क्यों कर घुसने पाऊँ मैं?
तेरे घर के द्वार बहुत हैं,
किसमें हो कर आऊँ मैं?

तेरी विभव कल्पना कर के,
उसके वर्णन से मन भर के,
भूल रहे हैं जन बाहर के
कैसे तुझे भुलाऊँ मैं?
तेरे घर के द्वार बहुत हैं,
किसमें हो कर आऊँ मैं?

बीत चुकी है बेला सारी,
किंतु न आयी मेरी बारी,
करूँ कुटी की अब तैयारी,
वहीं बैठ गुन गाऊँ मैं।
तेरे घर के द्वार बहुत हैं,
किसमें हो कर आऊँ मैं?

कुटी खोल भीतर जाता हूँ
तो वैसा ही रह जाता हूँ
तुझको यह कहते पाता हूँ-
'अतिथि, कहो क्या लाऊँ मैं?'
तेरे घर के द्वार बहुत हैं,
किसमें हो कर आऊँ मैं?

भारत का झण्डा

भारत का झण्डा फहरै।
छोर मुक्ति-पट का क्षोणी पर,
छाया काके छहरै॥

मुक्त गगन में, मुक्त पवन में,
इसको ऊँचा उड़ने दो।
पुण्य-भूमि के गत गौरव का,
जुड़ने दो, जी जुड़ने दो।
मान-मानसर का शतदल यह,
लहर लहर पर लहरै।
भारत का झण्डा फहरै॥

रक्तपात पर अड़ा नहीं यह,
दया-दण्ड में जड़ा हुआ।
खड़ा नहीं पशु-बल के ऊपर,
आत्म-शक्ति से बड़ा हुआ।
इसको छोड़ कहाँ वह सच्ची,
विजय-वीरता ठहरै।
भारत का झण्डा फहरै॥

इसके नीचे अखिल जगत का,
होता है अद्भुत आह्वान!
कब है स्वार्थ मूल में इसके?
है बस, त्याग और बलिदान॥
ईर्ष्या, द्वेष, दम्भ; हिंसा का,
हृदय हार कर हहरै।
भारत का झण्डा फहरै॥

पूज्य पुनीत मातृ-मन्दिर का,
झण्डा क्या झुक सकता है?
क्या मिथ्या भय देख सामने,
सत्याग्रह रुक सकता है?
घहरै दिग-दिगन्त में अपनी
विजय दुंदुभी घहरै।
भारत का झण्डा फहरै॥

मनुष्यता

विचार लो कि मर्त्य हो न मृत्यु से डरो कभी,
मरो परन्तु यों मरो कि याद जो करें सभी।
हुई न यों सु–मृत्यु तो वृथा मरे, वृथा जिये,
मरा नहीं वही कि जो जिया न आपके लिए।
यही पशु–प्रवृत्ति है कि आप आप ही चरे,
वही मनुष्य है कि जो मनुष्य के लिए मरे॥

उसी उदार की कथा सरस्वती बखानती,
उसी उदार से धरा कृतार्थ भाव मानती।
उसी उदार की सदा सजीव कीर्ति कूजती;
तथा उसी उदार को समस्त सृष्टि पूजती।
अखण्ड आत्मभाव जो असीम विश्व में भरे,
वही मनुष्य है कि जो मनुष्य के लिये मरे॥

क्षुधार्थ रंतिदेव ने दिया करस्थ थाल भी,
तथा दधीचि ने दिया परार्थ अस्थिजाल भी।
उशीनर क्षितीश ने स्वमांस दान भी किया,
सहर्ष वीर कर्ण ने शरीर-चर्म भी दिया।
अनित्य देह के लिए अनादि जीव क्या डरे?
वही मनुष्य है कि जो मनुष्य के लिए मरे॥

सहानुभूति चाहिए, महाविभूति है वही;
वशीकृता सदैव है बनी हुई स्वयं मही।
विरुद्धवाद बुद्ध का दया–प्रवाह में बहा,
विनीत लोक वर्ग क्या न सामने झुका रहा?
अहा! वही उदार है परोपकार जो करे,
वही मनुष्य है कि जो मनुष्य के लिए मरे॥

रहो न भूल के कभी मदांध तुच्छ वित्त में,
सनाथ जान आपको करो न गर्व चित्त में।
अनाथ कौन है यहाँ? त्रिलोकनाथ साथ हैं,
दयालु दीनबन्धु के बड़े विशाल हाथ हैं।
अतीव भाग्यहीन है अधीर भाव जो करे,
वही मनुष्य है कि जो मनुष्य के लिए मरे॥

अनंत अंतरिक्ष में अनंत देव हैं खड़े,
समक्ष ही स्वबाहु जो बढ़ा रहे बड़े–बड़े।
परस्परावलम्ब से उठो तथा बढ़ो सभी,
अभी अमर्त्य-अंक में अपंक हो चढ़ो सभी।
रहो न यों कि एक से न काम और का सरे,
वही मनुष्य है कि जो मनुष्य के लिए मरे॥

"मनुष्य मात्र बन्धु है" यही बड़ा विवेक है,
पुराणपुरुष स्वयंभु पिता प्रसिद्ध एक है।
फलानुसार कर्म के अवश्य बाह्य भेद है,
परंतु अंतरैक्य में प्रमाणभूत वेद हैं।
अनर्थ है कि बंधु ही न बंधु की व्यथा हरे,
वही मनुष्य है कि जो मनुष्य के लिए मरे॥

चलो अभीष्ट मार्ग में सहर्ष खेलते हुए,
विपत्ति विघ्न जो पड़ें उन्हें ढकेलते हुए।
घटे न हेल मेल हाँ, बढ़े न भिन्नता कभी,
अतर्क एक पंथ के सतर्क पंथ हों सभी।
तभी समर्थ भाव है कि तारता हुआ तरे,
वही मनुष्य है कि जो मनुष्य के लिए मरे॥

मातृभूमि

एक

नीलांबर परिधान हरित तट पर सुन्दर है,
सूर्य-चन्द्र युग मुकुट, मेखला रत्नाकर है।
नदियाँ प्रेम प्रवाह, फूल तारे मंडन हैं,
बंदीजन खग-वृन्द, शेषफन सिंहासन है।
करते अभिषेक पयोद हैं, बलिहारी इस वेष की,
हे मातृभूमि! तू सत्य ही, सगुण मूर्ति सर्वेश की॥

दो

मृतक-समान अशक्त, विवश आँखों को मीचे;
गिरता हुआ विलोक गर्भ से हमको नीचे;
करके जिसने कृपा हमें अवलम्ब दिया था,
लेकर अपने अतुल अंक में त्राण किया था,
जो जननी का भी सर्वदा थी पालन करती रही ।
तू क्यों न हमारी पूज्य हो? मातृभूमि, माता मही!

तीन

जिसकी रज में लोट-लोट कर बड़े हुए हैं,
घुटनों के बल सरक-सरक कर खड़े हुए हैं।
परमहंस सम बाल्यकाल में सब सुख पाये,
जिसके कारण धूल भरे हीरे कहलाये॥
हम खेले-कूदे हर्षयुत, जिसकी प्यारी गोद में।
हे मातृभूमि! तुझको निरख, मग्न क्यों न हों मोद में?

चार

पालन-पोषण और जन्म का कारण तू ही,
वक्ष-स्थल पर हमें कर रही धारन तू ही।
अभ्रंकष प्रासाद और ये महल हमारे,
बने हुए हैं अहो तुझी से तुझ पर सारे।
हे मातृभूमि! हम जब कभी शरण न तेरी पाएँगे,
बस, तभी प्रलय के पेट में सभी लीन हो जाएँगे ॥

पाँच

हमें जीवनाधार अन्न तू ही देती है,
बदले में कुछ नहीं किसी से तू लेती है।
श्रेष्ठ एक से एक विविध द्रव्यों के द्वारा,
पोषण करती प्रेम-भाव से सदा हमारा।
हे मातृभूमि! उपजे न जो तुझ से कृषि-अंकुर कभी।
तो तड़प-तड़प कर जल मरें, जठरानल में हम सभी॥

छः

पा कर तुझसे सभी सुखों को हमने भोगा,
तेरा प्रत्युपकार कभी क्या हमसे होगा?
तेरी ही यह देह, तुझी से बनी हुई है,
बस तेरे ही सुरस-सार से सनी हुई है।
फिर अन्त समय तू ही इसे अचल देख अपनायेगी।
हे मातृभूमि! यह अन्त में तुझमें ही मिल जायेगी॥

सात

जिन मित्रों का मिलन मलिनता को है खोता,
जिस प्रेमी का प्रेम हमें मुददायक होता।
जिन स्वजनों को देख हृदय हर्षित हो जाता,
नहीं टूटता कभी जन्म भर जिनसे नाता।
उन सब में तेरा सर्वदा व्याप्त हो रहा तत्व है,
हे मातृभूमि, तेरे सदृश किसका महा महत्व है?

आठ

निर्मल तेरा नीर अमृत के सम उत्तम है,
शीतल मंद सुगंध पवन हर लेता श्रम है।
षट्ऋतुओं का विविध दृश्ययुत अद्भुत क्रम है,
हरियाली का फर्श नहीं मखमल से कम है।
शुचि-सुधा सींचता रात में, तुझ पर चन्द्र-प्रकाश है।
हे मातृभूमि! दिन में तरणि, करता तम का नाश है॥

नौ

सुरभित, सुन्दर, सुखद, सुमन तुझ पर खिलते हैं,
भाँति-भाँति के सरस, सुधोपम फल मिलते है।
औषधियाँ हैं प्राप्त एक से एक निराली,
खानें शोभित कहीं धातु-वर रत्नों वाली।
जो आवश्यक होते हमें, मिलते सभी पदार्थ हैं,
हे मातृभूमि! वसुधा, धरा, तेरे नाम यथार्थ हैं॥

दस

दीख रही है कहीं दूर तक शैल-श्रेणी,
कहीं घनावलि बनी हुई है तेरी वेणी।
नदियाँ पैर पखार रही हैं बनकर चेरी,
पुष्पों से तरु-राजि कर रही पूजा तेरी।
मृदु मलय-वायु मानो तुझे चन्दन चारु चढ़ा रही।
हे मातृभूमि, किसका न तू सात्विक भाव बढ़ा रही?

ग्यारह

क्षमामई, तू दयामई है, क्षेममई है,
सुधामई, वात्सल्यमई, तू प्रेममई है।
विभवशालिनी, विश्वपालिनी, दुःखहर्त्री है,
भय निवारिणी, शान्तिकारिणी, सुखकर्त्री है।
हे शरणदायिनी देवि! तू करती सब का त्राण है,
हे मातृभूमि! सन्तान हम, तू जननी, तू प्राण है॥

बारह

आते ही उपकार याद हे माता! तेरा,
हो जाता मन मुग्ध भक्ति-भावों का प्रेरा।
तू पूजा के योग्य, कीर्ति तेरी हम गावें,
मन होता है-तुझे उठा कर शीश-चढ़ावें।
वह शक्ति कहां, हा! क्या करें, क्यों हम को लज्जा न हो?
हम मातृभूमि, केवल तुझे शीश झुका सकते अहो!

तेरह

कारण-वश जब शोक-दाह से हम दहते हैं,
तब तुझ पर ही लोट-लोट कर दुःख सहते हैं।
पाखण्डी भी धूल चढ़ाकर तन में तेरी,
कहलाते हैं साधु, नहीं लगती है देरी।
इस तेरी ही शुचि धूलि में मातृभूमि! वह शक्ति है-
जो क्रूरों के भी चित्त में उपजा सकती भक्ति है!

चौदह

कोई व्यक्ति विशेष नहीं तेरा अपना है,
जो यह समझे हाय! देखता वह सपना है।
तुझ को सारे जीव एक से ही प्यारे हैं,
कर्मों के फल मात्र यहाँ न्यारे न्यारे हैं।
हे मातृभूमि! तेरे निकट सब का सब सम्बन्ध है,
जो भेद मानता वह अहो! लोचनयुत भी अन्ध है ॥

पंद्रह

जिस पृथ्वी में मिले हमारे पूर्वज प्यारे,
उससे हे भगवान! कभी हम रहें न न्यारे।
लोट-लोट कर वहीं हृदय को शान्त करेंगे,
उसमें मिलते समय मृत्यु से नहीं डरेंगे।
उस मातृभूमि की धूल में, जब पूरे सन जायेंग
होकर भव-बन्धन- मुक्त हम, आत्म रूप बन जायेंगे॥

भारत माता का मंदिर यह

भारत माता का मंदिर यह
समता का संवाद जहाँ,
सबका शिव कल्याण यहाँ है
पावें सभी प्रसाद यहाँ।

जाति-धर्म या संप्रदाय का,
नहीं भेद-व्यवधान यहाँ
सबका स्वागत, सबका आदर
सबका सम सम्मान यहाँ।

राम, रहीम, बुद्ध, ईसा का,
सुलभ एक सा ध्यान यहाँ,
भिन्न-भिन्न भव संस्कृतियों के
गुण गौरव का ज्ञान यहाँ।

नहीं चाहिए बुद्धि बैर की
भला प्रेम का उन्माद यहाँ
सबका शिव कल्याण यहाँ है,
पावें सभी प्रसाद यहाँ।

सब तीर्थों का एक तीर्थ यह
हृदय पवित्र बना लें हम
आओ यहाँ अजातशत्रु बन,
सबको मित्र बना लें हम।

रेखाएँ प्रस्तुत हैं, अपने
मन के चित्र बना लें हम।
सौ-सौ आदर्शों को लेकर
एक चरित्र बना लें हम।

बैठो माता के आँगन में
नाता भाई-बहन का
समझें उसकी प्रसव वेदना
वही लाल है माई का।

एक साथ मिल बाँट लो
अपना हर्ष विषाद यहाँ
सबका शिव कल्याण यहाँ है
पावें सभी प्रसाद यहाँ।

मिला सेव्य का हमें पुजारी
सकल काम उस न्यायी का
मुक्ति लाभ कर्तव्य यहाँ है
एक एक अनुयायी का।

कोटि-कोटि कंठों से मिलकर
उठे एक जयनाद यहाँ
सबका शिव कल्याण यहाँ है
पावें सभी प्रसाद यहाँ।

मैथिलीशरण गुप्त

(1886-1964)

1886 में झाँसी के करीब चिरगाँव में जन्मे मैथिलीशरण गुप्त अपने जीवनकाल में ही राष्ट्रकवि के रूप में विख्यात हुए। इनकी शिक्षा-दीक्षा घर पर ही हुई। संस्कृत, बांग्ला, मराठी और अंग्रेज़ी पर इनका समान अधिकार था।

गुप्त जी वैष्णवमना कवि हैं। राम का कीर्तिगान इनकी चिरसंचित अभिलाषा रही। इन्होंने भारतीय जीवन को समग्रता में समझने और प्रस्तुत करने का भी प्रयास किया।

गुप्त जी की कविता की भाषा विशुद्ध खड़ी बोली है। भाषा पर संस्कृत का प्रभाव है। काव्य की कथावस्तु भारतीय इतिहास के ऐसे अंशों से ली गई है जो भारत के अतीत का स्वर्ण चित्र पाठक के सामने उपस्थित करते हैं।

गुप्त जी की प्रमुख कृतियाँ हैं- साकेत, यशोधरा, जयद्रथ वध।

गुप्त जी के पिता सेठ रामचरण दास भी कवि थे और इनके छोटे भाई सियारामशरण गुप्त भी प्रसिद्ध कवि हुए।

अनबाउंड स्क्रिप्ट

मैथिलीशरण गुप्त : बाल कविताएँ

प्रथम संस्करण : जनवरी, 2025

द्वितीय संस्करण : फरवरी, 2026

ISBN : 978-93-48497-98-7

प्रकाशक : अनबाउंड स्क्रिप्ट
2/41, अंसारी रोड, दरियागंज, दिल्ली - 110002
वेबसाइट : **www.unboundscript.com**
ई-मेल : **books@unboundscript.com**
फोन : **011-35807601**

MAITHILISHARAN GUPTA : BAAL KAVITAEN

मूल्य : ₹ 175/-
मुद्रक : एच. टी. मीडिया लि., ग्रेटर नोएडा, उत्तर प्रदेश